BEI GRIN MACHT SICH IHR WISSEN BEZAHLT

- Wir veröffentlichen Ihre Hausarbeit,
  Bachelor- und Masterarbeit

- Ihr eigenes eBook und Buch -
  weltweit in allen wichtigen Shops

- Verdienen Sie an jedem Verkauf

Jetzt bei www.GRIN.com hochladen
und kostenlos publizieren

Bibliografische Information der Deutschen Nationalbibliothek:

Die Deutsche Bibliothek verzeichnet diese Publikation in der Deutschen National-
bibliografie; detaillierte bibliografische Daten sind im Internet über http://dnb.d-
nb.de/ abrufbar.

Impressum:

Copyright © 2019 GRIN Verlag
Druck und Bindung: Books on Demand GmbH, Norderstedt Germany
ISBN: 9783346164292

Dieses Buch bei GRIN:

https://www.grin.com/document/538653

Stephanie Krüger

Wissenschaftliche Psychologie, Alltagspsychologie, Soziale Ungleichheit und Plazeboeffekt

Begrifflichkeiten sozialwissenschaftlicher Grundlagen im Gesundheitsmanagement

GRIN Verlag

GRIN - Your knowledge has value

Der GRIN Verlag publiziert seit 1998 wissenschaftliche Arbeiten von Studenten, Hochschullehrern und anderen Akademikern als eBook und gedrucktes Buch. Die Verlagswebsite www.grin.com ist die ideale Plattform zur Veröffentlichung von Hausarbeiten, Abschlussarbeiten, wissenschaftlichen Aufsätzen, Dissertationen und Fachbüchern.

Besuchen Sie uns im Internet:

http://www.grin.com/

http://www.facebook.com/grincom

http://www.twitter.com/grin_com

Einsendeaufgabe

Sozialwissenschaftliche Grundlagen

Alternative A

Modul: Sozialwissenschaftliche Grundlagen

Studiengang: Gesundheitsmanagement (B.A.)

Von:

Stephanie Krüger

Inhaltsverzeichnis

Abkürzungsverzeichnis

Abbildungsverzeichnis

Tabellenverzeichnis

1 Aufgabe A1

1.1 Alltagspsychologie

Die Alltagspsychologie befasst sich mit dem Erleben und Verhalten der Menschen unter den alltäglichen Bedingungen. Sie gibt nicht nur Erklärungen für das eigene Verhalten, sondern auch für das Verhalten Anderer und entwickelt Annahmen darüber, wie sich ein Mensch in Zukunft verhalten wird.

Alltagspsychologie entsteht aufgrund von Bauchgefühlen oder Vorstellungen, das heißt sie wird rein spekulativ erstellt, ohne dass sie vorher einer Prüfung standhalten musste.

Sie beruht demnach auf Intuition und Erfahrungen oder wird sozialisiert bzw. erlernt, indem man sie sich selbst oder durch Dritte aneignet.

In diesem Zusammenhang sind auch die Alltagsmythen zu nennen, auf denen sich die Alltagspsychologie aufbaut. Alltagsmythen haben sich über Generationen durchgesetzt und sind Vorstellungen einer Gesellschaft, welche sehr unterschiedlich sein können wie die Beispiele „Gleich und gleich gesellt sich gern" und „Gegensätze ziehen sich an" zeigen.

Prinzipiell gilt, dass Alltagspsychologie rein subjektiv ist, da das Wissen auf eigenen oder fremden Erfahrungen beruht und das sie nicht systematisch ist, d.h. mithilfe eines empirischen Forschungsprozesses, überprüft und erfasst wird.

Das Finden von Erklärungen für spezielles Verhalten und die Vorhersage von bestimmten Verhaltensweisen dienen dazu, im täglichen Leben Orientierung zu schaffen um sich darin besser zurecht zu finden und sein eigenes Vorgehen zu planen.

Zusammenfassend kann man die Alltagspsychologie als ein System, dass auf kulturell tradierter Überzeugungen beruht definieren, welche zur Beschreibung, Erklärung und Vorhersage des menschlichen Erlebens und Verhaltens von Mitmenschen und von uns selbst angewendet werden[1].

---

[1] Vgl. Asendorpf, J.B., Neyer, F. J., 2012, S. 2

1.2 Wissenschaftliche Psychologie

Die wissenschaftliche Psychologie besteht aus zwei Teilen. Das ist zum einen die Psychologie die sich auch den altgriechischen Wörtern „Psyche" (Seele) und „logos" (Kunde) zusammensetzt und die Wissenschaft. Die Psychologie ist die Lehre vom Erleben und Verhalten des Menschen und kann „als die wissenschaftliche Untersuchung des Verhaltens von Individuen und ihren mentalen Prozessen"[2] definiert werden.

Zentral bei der wissenschaftlichen Psychologie ist die Wissenschaft. Das heißt Schlussfolgerungen basieren immer auf empirisch gewonnen Daten. Man trifft rein objektive Aussagen über das Erleben und Verhalten. Diese Aussagen sind systematisch mithilfe wissenschaftlich anerkannter Methoden erfasst worden.

Ziel der wissenschaftlichen Psychologie ist das Erklären, Beschreiben, Vorhersagen treffen und Erkennen von Veränderungen von Erleben und Verhalten.

1.3 Alltagspsychologie und wissenschaftliche Psychologie im Vergleich

Während die Alltagspsychologie eher auf der Gefühlsebene agiert und verallgemeinerte Aussagen beinhaltet, beruht die wissenschaftliche Psychologie auf überprüfbaren Tatsachen, welche allgemeingültig sind.

Die Alltagspsychologie trifft rein intuitive Aussagen, welche nicht geprüft werden und subjektiv sind. Sie dient dazu das alltägliche Leben zu erleichtern.

Die wissenschaftliche Psychologie dagegen knüpft an der Alltagspsychologie an und überprüft Alltagstheorien auf ihre Allgemeingültigkeit. Sie wird in vielen verschiedenen Bereichen gezielt angewandt wie etwa in der Pädagogik, der Politik, in der Forensik oder im Klinischen Bereich.

Folgende Tabelle stellt die Alltagspsychologie und die wissenschaftliche Psychologie gegenüber:

		Alltagspsychologie	Wissenschaftliche Psychologie

---

[2] Vgl. Prof. Dr. Arenberg, P.: 2015, S. 17 zit. nach Gerrig, R.J./ Zimbardo, P.G.:2008, S. 2

Inhalt	•	• Erklärung des eigenen Verhaltens und Erlebens und das von anderen • Vorhersagen über das Handeln anderer treffen	• Beschreibung • Erklärung • Vorhersage • Veränderung des Verhaltens und Erlebens
Merkmale	•	• Subjektiv • Unsystematisch	• Objektiv • systematisch
Quellen	•	• Erfahrung • Intuition • Erlernt	• empirisch gewonnene Daten und Erkenntnisse

Tabelle 1   Unterschiede zwischen Alltagspsychologie und wissenschaftlicher Psychologie (Quelle: Eigene Darstellung in Anlehnung an Prof. Dr. Arenberg, P.: 2015, S. 15, Tabelle 1)

1.4 Empirische Untersuchung von Alltagsphänomenen mittels Psychologie

Um ein Alltagsphänomen zu Untersuchen gibt es zwei verschiedene Methoden, die vorgeben wie untersucht wird. Es gibt die qualitative Forschung, die allgemein dem Verstehen dient und die quantitative Forschung, welche dem Erklären dient.

Die qualitative Forschung oder auch explorative Forschung genannt, ist ein weiches Verfahren, welches angewandt wird, wenn es noch keine oder nur sehr wenige Forschungsergebnisse zu einem bestimmten Gebiet gibt. Ziel dieser Forschung ist es, erste Erkenntnisse auf einem neuen Feld zu gewinnen. Es handelt sich dabei um eine Exploration eines ausgewählten Gegenstandsbereiches, wodurch Formen der standardisierten Befragung oder Beobachtung nicht anwendbar sind, da zur Erstellung eines Untersuchungsbogens die Beschreibungskategorien bereits bekannt sein müssten.[3] Ein nicht standardisiertes Interview, eine freie Beobachtung, eine

---

[3] Vgl. Schreier, M.: 2002/2003, S. 50

Gruppendiskussion, Einzelfallstudie oder Dokumentenanalyse dienen hier als geeignete Methodenwahl.[4]

Für die Datenerhebung wird eine kleine Stichprobe gewählt.

Die Wissenschaftler orientieren sich bei ihren Forschungen an Individuen und führen auf Grund dessen meist Einzelfallstudien durch. Anhand der Ergebnisse können dann erste Ideen für eine Theorieentwicklung entstehen.

Grundlage für die quantitative Forschung sind Hypothesen, die geprüft werden müssen.[5] Dazu werden standardisierte Verfahren verwendet. Besonders gut geeignet sind dafür standardisierte Befragungen, das Experiment oder Beobachtungen. Außerdem wählt man hier eine große Stichprobe, um ein möglichst repräsentatives Ergebnis zu erzielen. Bei der anschließenden Auswertung der gesammelten Daten kommen häufig mathematisch-statistische Verfahren zum Einsatz.[6]

In der Psychologie wird die quantitative Forschung bevorzugt, aber auch ein Methodenmix, eine Kombination aus qualitativen und quantitativen Verfahren, setzt sich immer mehr durch. Dieser Methodenmix ist auch als Mixed Method Research oder Multimethoden-Ansatz bekannt.

Um die Herangehensweise zur Untersuchung eines Alltagsphänomens darzustellen ziehen wir folgendes Beispiel heran:

Herr Kaiser ist auf den Weg nach Hause, welcher über die Autobahn führt. Heute verzögert sich allerdings die Fahrt durch einen 2 Km langen Stau. Herr Kaiser hat es sehr eilig und unternimmt daher einen stetigen Wechsel auf die Spur, die momentan einen zügigeren Verkehr anbietet, denn dort wo man schneller fahren kann, muss man auch schneller vorankommen.

Am Anfang der Untersuchung steht zunächst die Formulierung der Fragestellung, die verdeutlicht, was unser Forschungsziel ist.

Im Beispiel wäre es die Frage: „Führt ein ständiger Spurenwechsel im Stau zu einem zügigeren Vorankommen?"

---

[4] Vgl. Baustein II.: Erhebungsmethoden, Uni Augsburg
[5] Mietzels, G.: 2008, Quantitative Methoden wissenschaftlichen Arbeitens
[6] Prof. Dr. Arenberg, P.: 2015, S. 19

Ist die Frage formuliert geht es zu den theoretischen Annahmen. Wir prüfen, ob es bereits theoretische und methodische Grundlagen gibt, an denen wir anknüpfen können. Gibt es bereits Berechnungen, Statistiken oder Überlegungen wie es sich auf die Ankunftszeit auswirkt, wenn man verschiedene Fahrverhalten aufweist und wenn ja wie nützlich sind diese Quellen für meine eigene Fragestellung. Stimmt der Zusammenhang zwischen dem Verhalten und der Ankunftszeit oder gibt es noch andere Faktoren, die berücksichtigt werden müssen.

Nach der Recherche wird dann die Hypothese gebildet: Ein ständiger Spurenwechsel im Stau führt zu einem zügigeren Vorankommen.

Nun folgt die Datenerhebung, die mittels verschiedener Methoden erfolgen kann. Dies kann beispielsweise eine mündliche oder schriftliche Befragung, eine Beobachtung oder ein Experiment sein.
Für unser Beispiel wählen wir ein Experiment. Vorab können mathematische Berechnungen zu der Ankunftszeit erstellt werden die anhand eines Experiments geprüft und gestützt werden. Für das Experiment wird eine künstliche Situation mit den gleichen Bedingungen erzeugt und man misst mit einer Stoppuhr die Zeit, die benötigt wird, wenn man auf einer Spur bleibt und die Zeit die gebraucht wird, wenn man die Spuren wechselt.
Um ein reliables Ergebnis zu erhalten wiederholen wir den Test einige Male und errechnen einen Mittelwert.

Da jetzt alle Daten gesammelt wurden, kann die Hypothese geprüft werden. Dazu vergleichen wir die gemessenen Zeiten miteinander und stellen fest, dass beide Fahrverhalten zu den selben Ergebnissen führen und unsere Hypothese damit falsifiziert wurde.
Aufgenommene Daten können eine Hypothese, sofern diese bestätigt wurde, auch verifizieren.

Anschließend folgt eine Diskussion der Ergebnisse und des Versuchsaufbaus und wir prüfen, ob anderen relevanten Faktoren einen Einfluss auf das Ergebnis haben.

In der Schlussfolgerung nehmen wir dann Stellung zu unserer Studie und ziehen ein Fazit aus unserer Arbeit.

2 Alternative A2

2.1 Soziale Ungleichheit

Als soziale Ungleichheit bezeichnet man (1) wertvolle, (2) nicht absolut gleich und (3) systematisch aufgrund von Positionen im gesellschaftlichen Beziehungsgefügen verteilte, vorteilhafte bzw. nachteilige Lebensbedingungen von Menschen"[7,] so Stefan Hradil.

Die soziale Ungleichheit betrachtet man unter dem Aspekt der individuellen Merkmale (Alter, Geschlecht, Körpergröße, Gewicht, etc.) und der sozialen Merkmale (Einkommen, Vermögen, Berufsausbildung, Bildungsabschluss, etc.). Können bestimmte Merkmale einer speziellen Gruppe von Menschen zugeordnet werden, dann spricht man von einer sozialen Differenzierung.

2.2 Historische Entwicklung der sozialen Ungleichheit

Ständegesellschaft:
In der mittelalterlichen Gesellschaft wurden Erwerbsmöglichkeiten, Abgaben und Lebensgestaltung innerhalb der Stände durch rechtliche Bestimmungen bis ins Einzelne geregelt.[8] Ungleiche Rechte bildeten eine wesentliche Dimension sozialer Ungleichheit. Die Herkunft bestimmte darüber, welche Stellung man in diesem Gefüge einnimmt. Die Geburt in den Adelsstand oder den Bauernstand führte zu einer Übernahme des jeweiligen Status. Ein sozialer Aufstieg innerhalb der Stände war sehr schwer, während ein sozialer Abstieg häufiger vorkam.

Klassengesellschaft:
In der ersten Hälfte des 19. Jahrhunderts begann in Deutschland die frühe industrielle Gesellschaft. Die Herkunft wurde zweitrangig, dafür wurde der Besitz, speziell die neuen industriellen Produktionsmittel, ausschlaggebend für die soziale Ungleichheit. Wer viel besaß, hatte viele Vorteile und gehörte

---

[7] Hradil, S.:2010, Soziale Ungleichheit, soziale Schichtung und Mobilität, S. 195
[8] Hradil, S.: 2012, Deutsche Verhältnisse. Eine Sozialkunde

somit zur oberen Klasse, welche den Adel nachahmte. Wer sein bisheriges Gewerbe nicht halten konnte, wurde als Arbeiter in eine geringe Lohnklasse unter schlechten Arbeitsbedingungen gezwängt. Die Klassengesellschaft entstand.

Schichtungsgesellschaft:
In Folge der Klassengesellschaft gab es im Laufe des späten 19. und des 20. Jahrhunderts immer mehr unselbstständige Menschen. 90% der Erwerbstätigen arbeiteten als Arbeiter, Angestellte oder Beamte. Dabei erlangten Beamte und Angestellte einen höheren Status als Fach- und Hilfsarbeiter, wodurch die soziale Ungleichheit innerhalb der Unselbstständigen wichtiger wurde als die Ungleichheit zu den Selbstständigen. Die soziale Schichtung in der Berufshierarchie löste damit den Besitz als Schwerpunkt der sozialen Ungleichheit ab. Dafür wurden soziale Auf- und Abstiege wesentlich leichter, da nun die individuellen Leistungen und nicht die Herkunft oder der Besitz eine Rolle spielten.

2.3   Soziale Ungleichheit in Deutschland

2.3.1 Demographischer Wandel in Deutschland

Mitte der 1950er Jahre kam es aufgrund des Wirtschaftswachstums in Deutschland zu einem Arbeitskräftemangel. Um diesen auszugleichen begann man Arbeitskräfte aus dem Ausland, anzuwerben. Besonders in den südlichen und östlichen Staaten fand der Ruf nach Arbeitskräften gehör. Da überwiegend Arbeitskräfte für Tätigkeiten mit niedrigem Qualitätsgrad gesucht wurden, nahmen die Einwanderer eine niedrigere Stellung in der Arbeitsmarkthierarchie ein. Da ausländische Arbeitskräfte nur eine vorübergehende Lösung während der Hochkonjunkturphase sein sollten, wurden ausschließlich befristete Arbeitsverträge aufgesetzt. Somit kamen die Arbeitskräfte zunächst ohne Familie.
1973 gab es dann einen Anwerbestopp und man stellte die ausländischen Arbeitskräfte vor die Wahl ins Heimatland zurückzukehren oder sich auf einen langfristigen Aufenthalt einzustellen und die Familien nachzuholen.

Der Familiennachzug konnte die Rückwanderung nahezu kompensieren, wodurch die Zahl der Migranten nur leicht rückläufig war.

In den 1990er Jahren gab es einen erneuten Zuwandererschub, der sogar die Zahl der Zuwanderung in den 1970er? Jahren übertraf. Ursache dafür waren Kriege, „ethnische Säuberungen", der Fall des Eisernen Vorhangs in Jugoslawien sowie die sich zuspitzende Lage in der Türkei.

Zu dieser Zeit fand auch die deutsche Wiedervereinigung statt, in der sich eine ausländerfeindliche Grundstimmung bildete. In Folge dieser Grundstimmung gab es zahlreiche Ausschreitungen gegen Asylsuchende und Migranten, was zur Folge hatte, dass Mitte der 1990er Jahre die Zuwanderungszahlen stark zurückgingen.

Im Jahr 2000 wurde das Staatsangehörigkeitsrecht geändert und Einbürgerungen wurden vollzogen, was dazu führte, dass die Zahl der ausländischen Bevölkerung nicht weiter anwuchs.

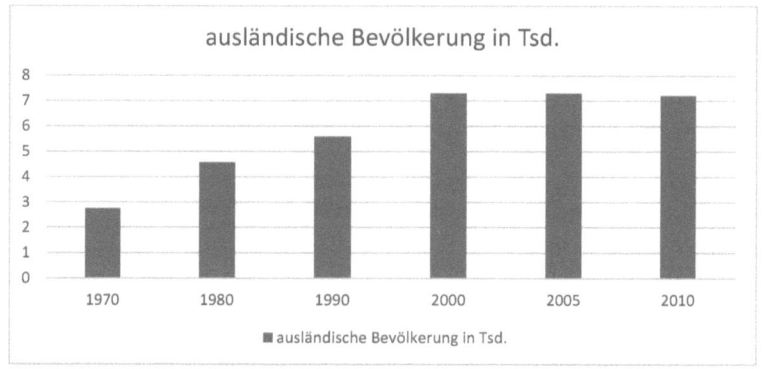

Abbildung 1   Ausländische Bevölkerung in Deutschland von 1970-2010
(Quelle: Eigene Darstellung)

2.3.2 Soziale Ungleichheit der Einwanderungsbevölkerung

Nach der Volkszählung in Deutschland im Jahr 2016 stellte man fest, dass 82,1 Millionen Menschen der deutschen Bevölkerung angehören. 21,03% davon haben einen Migrationshintergrund. Die Zahl der ausländischen Bevölkerung betrug zu dieser Zeit 9,11 Millionen Menschen.

Speziell zwischen der deutschen und ausländischen Bevölkerung ist die soziale Ungleichheit enorm. Immigranten haben oft eine geringere schulische oder berufliche Ausbildung als Deutsche und beherrschen bei ihrer Zuwanderung nicht die Sprache, die auf dem Arbeitsmarkt gefordert wird. Die mangelnde Qualifikation und die Sprachbarrieren führen dazu, dass die ausländische Bevölkerung zunächst gezwungen ist, in die Arbeiterschicht einzusteigen, was sie der Unterschicht zugehörig macht. Hinzu kommt das Problem der erschwerten Anerkennung von Bildungsabschlüssen. Immigranten mit einer hochwertigen Qualifikation, müssen in Deutschland ein aufwendiges Verfahren durchlaufen, bevor sie in ihre Berufe einsteigen können.

2.3.3 Auswirkung von osteuropäischen Arbeitskräften auf den deutschen Arbeitsmarkt

Die Zuwanderung in Deutschland hat in den letzten Jahren immer mehr zugenommen, wofür die uneingeschränkte Arbeitnehmerfreizügigkeit für die neuen osteuropäischen Mitgliedstaaten der Europäischen Union, die EU-Schuldenkrise und die Fluchtmigration verantwortlich sind.
Diese Zuwanderung sorgt für einen Anstieg des Arbeitskräfteangebots, was mehr Beschäftigung aber auch mehr Arbeitslosigkeit zur Folge haben kann.
Da die Beschäftigungszahlen je nach Herkunftsland der Migranten variieren, grenzen wir diese zunächst voneinander ab.

Die Osteuropäischen Mitgliedstaaten der EU – Polen, Ungarn, Tschechien, Slowakei, Slowenien, Estland, Lettland und Litauen – waren 2004 teil der Osterweiterung der EU. 2007 gesellten sich Bulgarien und Rumänien dazu und Kroatien trat 2013 als letztes der EU bei. Diese Länder erhielten mit ihrem Eintritt in die EU die uneingeschränkte Arbeitnehmerfreizügigkeit, welche jedem EU-Bürger, unabhängig von seinem Wohnort, ermöglicht in jedem Mitgliedstaat eine Beschäftigung unter den gleichen Voraussetzungen auszuüben.
Eine Statistik der Bundesagentur für Arbeit zeigt, dass die Zahl der sozialversicherungspflichtig und ausschließlich geringfügig Beschäftigten aus den neuen osteuropäischen EU-Mitgliedstaaten im März 2017 1,25 Millionen

Beschäftigte betrug. Im Vergleich zum Vorjahr sind die Zahlen demnach um 15% gestiegen.

Die GIPS-Staaten erschließen sich aus den Ländern Griechenland, Italien, Portugal und Spanien. Sie sind am stärksten von der EU-Schuldenkrise betroffen. Die Situation auf den dortigen Arbeitsmärkten gestaltet sich als sehr schwierig während zeitgleich auf dem deutschen Arbeitsmarkt speziell für ausgebildete Arbeitskräfte die Beschäftigungschancen besonders günstig sind. Man vermutet daher, dass der deutsche Arbeitsmarkt Arbeitskräfte aus den GIPS-Staaten anzieht. Im März 2017 waren aus diesen Ländern insgesamt 583.000 Personen sozialversicherungspflichtig oder ausschließlich geringfügig beschäftigt. Die Zahl der Beschäftigten stiegt in diesen vier Ländern im Vergleich zum Vorjahr um 3,7%. Erwähnenswert dabei ist, dass die Zunahme ausschließlich auf sozialversicherungspflichtigen Beschäftigten beruht und die Zahl der geringfügig Beschäftigten abnahm.

Um die Auswirkung der Fluchtmigration auf den Arbeitsmarkt erkennbar zu machen, wurden die Asylherkunftsländer gebildet. Dort wurden alle nichteuropäischen Länder aufgenommen, die in den letzten Jahren die meisten Asylerstanträge stellten. Diese Länder umfassen Afghanistan, Eritrea, Irak, Iran, Nigeria, Pakistan, Somalia und Syrien. Die bewilligten Asylanträge aus dem Balkan und den osteuropäischen Drittstaaten hatten zwar ebenfalls Auswirkungen auf den Arbeitsmarkt, die Zuwanderung erfolgt aber nicht vorrangig als Fluchtmigration. Aus den nichteuropäischen Asylherkunftsländern waren im März 2017 insgesamt 188.000 Beschäftigte registriert, was 48% mehr als im Vorjahr waren. 49% davon umfasste die sozialversicherungspflichtigen Beschäftigten und 46% die geringfügig Beschäftigten. Man beachte bei den Statistiken, dass Asylbewerber, die noch dem dreimonatigem Beschäftigungsverbot unterliegen, und Teilnehmer an abschlussorientierten Weiterbildungsmaßnahmen, laut dem SGB III nicht als Arbeitssuchende geführt werden.

Die Zahlen zeigen, dass immer mehr Migranten auf der Suche nach Beschäftigung nach Deutschland kommen. Eine erfolgreiche Integration der

Migranten auf den Arbeitsmarkt sorgt für die stetig sinkende Zahl der allgemeinen Arbeitslosigkeit, wie eine Statistik der Bundesagentur für Arbeit zeigt.

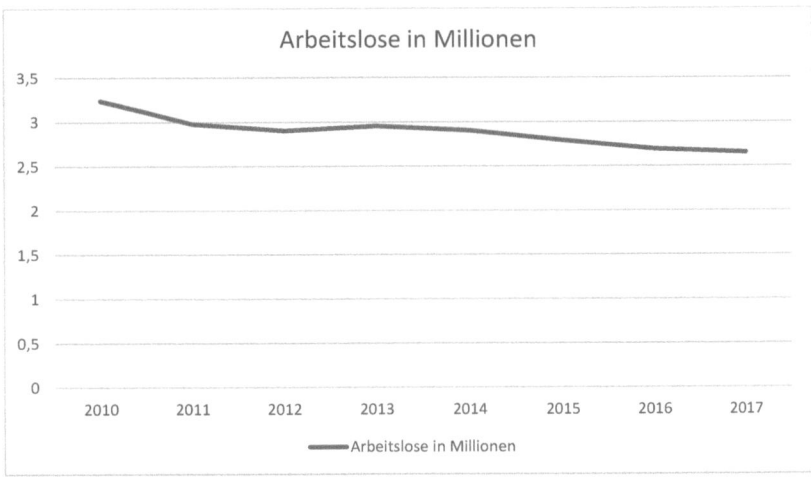

Abbildung 2   Arbeitslosigkeit in Deutschland im Verlauf
(Quelle: eigene Darstellung)

Eine Studie von Prof. Brücker über die Auswirkungen der Einwanderung auf Arbeitsmarkt und Sozialstaat zeigt, dass Einwanderung durchaus einen positiven Effekt auf den deutschen Arbeitsmarkt hat.

Im Jahr 2000 waren Einwanderer mehrheitlich niedrig qualifiziert, wobei sich das in den kommen zehn Jahren gewandelt hat. Einwanderer sind nun mehrheitlich hochqualifiziert, woran auch die Hochschulen Deutschlands, die Einwanderer anlocken, beteiligt sind.

Ein weiterer positiver Effekt ist, dass Einwanderer mehr in die Sozialversicherungssysteme einzahlen, als das sie daraus entnehmen. Zwar ist die Arbeitslosigkeit bei Migranten höher als bei Personen ohne Migrationshintergrund und beziehen daher mehr steuerfinanzierte Transferleistungen, sie zahlen aber auch mehr in die beitragsfinanzierten Renten- und Sozialversicherungssysteme ein als Personen ohne Migrationshintergrund.[9] Hinzu kommt, dass mit dem Qualifikationsanstieg und der verbesserten Arbeitsmarktintegration der Zuwanderer, die Beiträge dieser

---

[9] Vgl. Brücker, H., Auswirkungen der Einwanderung auf Arbeitsmarkt und Sozialstaat, S. 2

weiter steigen. Für die Vergangenheit wurde berechnet, dass sich der laufende Nettobeitrag der in Deutschland lebenden Migranten auf rund 2.000 Euro pro Jahr und Kopf belief. Aufgrund der steigenden Qualifikation und der steigenden Arbeitsmarktintegration dürfte der Nettobetrag für Zuwanderer sogar noch höher ausfallen.

Eine weitere Ursache für die positiven Nettobeiträge der Personen mit Migrationshintergrund ist der demographische Wandel in Deutschland. Würde man sich ein Szenario ausdenken, in dem es keine Wanderungsbewegung gibt und die Erwerbsbeteiligung konstant bleibt, dann würde das Arbeitsangebot in Deutschland bis zum Jahr 2050 um 40% sinken.[10] Folglich müsste eine deutlich kleinere Zahl von Beitrags- und Steuerzahlern eine immer größer werdende Gruppe von Personen finanzieren, die nicht mehr im Erwerbsleben stehen. Zudem verteilen sich die Lasten der öffentlichen Verschuldung auf eine kleinere Zahl von Steuerzahlern. Junge Zuwanderer kompensieren somit das immer älter werdende Deutschland.

Die Ergebnisse der Studie stellen deutlich die Auswirkungen der Migration auf den deutschen Arbeitsmarkt dar. Um die Arbeitslosenrate weiter zu senken und künftige Steuerzahler weiter zu entlasten ist es wichtig, weiterhin qualifizierte Migranten anzuwerben. Momentan geschieht dies noch durch die Einführung der Arbeitnehmerfreizügigkeit, doch dieses Migrationspotenzial wird schrittweise zurückgehen, weshalb neue Migrationspotenziale erschlossen werden müssen. Dazu muss die Einwanderungspolitik die Bedingungen für qualifizierte Zuwanderer verbessern und rechtliche Barrieren für Zuwanderer abbauen. Zudem zeigte sich, dass nur wenige Unternehmen die Arbeitnehmerfreizügigkeit zur Anwerbung von Fachkräften genutzt haben. Das liegt zum Teil an vorhandenen Sprachbarrieren, an unterschiedlichen Bildungs- und Ausbildungssystemen und an Informationsdefiziten. Daher müssen Unternehmen und ihre Verbände, Auslandshandelskammern, die Bundesagentur für Arbeit als internationaler Arbeitsvermittler, das Auswärtige Amt, Universitäten und Goethe-Institute zusammenwirken um

---

[10] Vgl. Brücker, H., Auswirkungen der Einwanderung auf Arbeitsmarkt und Sozialstaat, S. 32

Anwerbestrategien zu entwickeln, die die Schwellen für die Migration und Einstellung von qualifizierten Arbeitskräften aus dem Ausland zu senken.[11] Aufgrund der aktuellen hohen Zuwanderung aus Asylherkunftsländern ist die Einstellung der deutschen Bevölkerung gegenüber Migranten kritisch bis negativ und veranlasst viele Deutsche zu rassistischen Gedanken. Aus diesen Gründen ist Deutschland für hochqualifizierte Migranten weniger reizvoll als die führenden Länder USA und Australien. Daher muss auch der Bevölkerung das Potenzial von Migranten und deren positive Wirkung auf den Staat nahe gebracht werden

---

[11] Vgl. Brücker, H., Auswirkungen der Einwanderung auf Arbeitsmarkt und Sozialstaat, S. 33-34

3 Alternative A3

3.1 Der Plazeboeffekt

Das Wort Placebo stammt vom lateinischen Wort „placere" und bedeutet: "Ich werde gefallen". Ein Placebo ist ein „Scheinmedikament". Es enthält keine pharmakologisch aktiven Wirkstoffe, sondern besteht aus inerten Substanzen, ist aber optisch vom echten Arzneimittel nicht zu unterscheiden. Das Placebo selbst ist somit wirkungslos.

Man unterscheidet hier die reinen Placebos, welche keine Wirkstoffe enthalten, und die aktiven Placebos, welche zwar einen Wirkstoff besitzen, dieser aber in einer unwirksamen Dosis enthalten ist oder keinen Einfluss auf die zu behandelnde Krankheit hat.

Placebos werden in therapeutischen Rahmen und zur Arzneimittelprüfung eingesetzt. In letzteren finden sie Verwendung, wenn für das zu prüfende Medikament kein geeignetes Vergleichspräparat verfügbar ist oder wenn es nicht sicher ist, ob die in Betracht kommenden Vergleichspräparate eine positive Wirkung haben oder nicht.[12]

Bessern sich die zu behandelnden Symptome oder Krankheiten nach einer sogenannten Scheinbehandlung, so spricht man vom Placebo-Effekt.

Man vermutet hinter dem Placebo-Effekt, dass das körpereigene Endorphinsystem, nach der Placebogabe, psychisch aktiviert wird, da die Auswirkung des Placebo-Effekts auf Schmerzen und der Aktivität des Endorphinsystems gleichermaßen ist.

3.2 Ethnische Aspekte bei der Gabe von Placebo

Bei der Vergabe von Placebos besteht immer ein ethischer Konflikt, den es zu bewältigen gilt. Damit dies gelingt gibt es vier ethische Grundprinzipien, die bei jedem Fall berücksichtigt werden müssen: Respekt der Autonomie, Schadensvermeidung, Fürsorge und Gerechtigkeit.

---

[12] Prof. Dr. Hornung, J.: 1994

Respekt vor Autonomie bedeutet, dass der Betroffene der Vergabe bewusst zustimmen muss. Da der Placebo-Effekt aber nur in Unwissenheit auftreten kann und der Arzt in der Aufklärungspflicht steht, umgeht man diese Zwickmühle, indem man in der Regel Doppelblindstudien durchführt. Der Betroffene wird darüber aufgeklärt, dass es zwei Versuchsgruppen geben wird. Bei einer Gruppe kommt das Placebo zum Einsatz und bei der Anderen das wirksame Medikament. Man klärt ihn darüber auf, das er nicht erfahren wird, in welche Gruppe er eingeordnet wird und er sowohl das Placebo als auch das echte Medikament erhalten könnte. Nach Abschluss der Studie besteht die Möglichkeit, dass der Betroffene im Nachhinein aufgeklärt wird.

Um die Gerechtigkeit einzuhalten werden die Personen den Gruppen nach dem Zufallsprinzip zugeordnet. Somit hat jeder Patient die gleichen Chancen, das wirksame Medikament zu erhalten.

Das Prinzip der Schadensvermeidung besagt, dass der Patient durch die Gabe von Placebos keinen ernsten oder irreversiblen Schädigungen ausgesetzt sein darf.

Andersrum gilt für das Prinzip der Fürsorge, welches besagt, dass dem Patient keine bekannte wirksame Therapie vorenthalten werden darf.

Um diesen ethnischen Grundsätzen gerecht zu werden haben Emanuel und Miller 2001 folgende Bedingungen für die Anwendung von Placebo entwickelt:

- Falls in klinischen Studien ein Risiko, das mit einer Placebogabe verbunden ist, genauso groß ist wie in anderen Studientypen, dann ist der Einsatz ethisch gerechtfertigt
- Gibt es eine Standardtherapie, dann müssen gewichtige methodische Gründe für das Placebo sprechen
- Die alternativen Standardtherapien haben erhebliche Nebenwirkungen oder sind nur eingeschränkt wirksam
- Die für eine aktive Kontrollstudie notwendige Stichprobengröße vermeidet in der Praxis die Durchführung klinischer Forschung
- Die Teilnahme an einer klinischen Studie darf für die Placebo-Gruppe nicht mit schweren oder dauerhaften Schäden an der Gesundheit verbunden sein.
- Es muss sichergestellt sein, dass ein hoher Placebo-Effekt in der Kontrollgruppe zu erwarten ist[13]

---

[13] Vgl. Prof. Dr. med. Büchel, C., et. al.: 2011, S. 91

3.3   Der Placeboeffekt im Arbeits- und Berufsalltag

Beispiel:

Herr Große leidet seit etwa einem Jahr an Einschlafstörungen. Wenn er sich zu Bett legt dauert es oft über 1 ½ Stunden bis er einschläft obwohl er viel Energie in den Tag legen musste. Der enorme Schlafmangel führt bei ihm dazu, dass er unkonzentriert zur Arbeit geht und auch Krankheitstage anhäuft. Sein Vorgesetzter ist mit seiner Arbeit zurzeit sehr unzufrieden und hat Herrn Große schon eine erste Abmahnung zukommen lassen.

Anfangs konnte Herr Große durch Meditation und Entspannungsübungen die Einschlafstörung bewältigen aber der Erfolg blieb nicht von Dauer. Nachdem er sich in ärztliche Behandlung begeben hat und die Zolpidem Schlaftabletten ebenfalls keine Wirkung mehr zeigten, verschrieb der Arzt ihm das starke Hypnotikum Dormicum.

Aber auch darunter wurde Herr Große rückfällig. Sein Hausarzt empfahl ihm daraufhin zu einem renommierten Psychologen zu gehen, zu dem sein Hausarzt seit seinem Studium Kontakt hält. Herr Große hat schon immer großes Vertrauen in Mediziner gehabt und mit den Behandlungen von seinem Hausarzt war er stets zufrieden. Somit fällt es ihm auch nicht schwer sofort ein Vertrauensverhältnis zu seinem neuen Psychologen aufzubauen.

Nachdem sämtliche körperliche Untersuchungen stattgefunden haben und ausführliche Gespräche über den psychischen Zustand, Stresssituationen und andere möglichen Ursachen geführt wurden und immer noch keine Erklärung für die Einschlafstörung gefunden wurde, klärt der Psychologe Herr Große über die Verwendung von Placebos auf. Er erklärt ihm, dass er das Hypnotikum auf ein schneller und stärker wirksames Medikament umstellt und dass nach einer ihm unbekannten Zeit das Hypnotikum abgesetzt wird und durch ein Placebo ersetzt wird. Herr Große gibt sich mit dieser Therapieform einverstanden.

Der Psychologe beginnt die Therapie mit dem stärkeren Hypnotikum und nach einer Woche konnten schon positive Veränderungen in der Einschlafphase festgestellt werden. Nach 1 ½ Wochen beginnt der Psychologe Herrn Große die Placebos zu verabreichen und die Einschlafzeit verkürzt sich stetig. Nach weiteren drei Wochen wurde die Einschlafzeit auf 30 Minuten verkürzt und auch eine bessere Schlafqualität konnte festgestellt werden.

Nach ca. einem Jahr ist Herr Große in seiner Therapie so weit, dass er nur noch selten die Placebos zum Einschlafen verwenden muss. Während der Arbeit ist er wieder sehr konzentriert und die Krankentage sind auch nicht weiter gestiegen. Sein Vorgesetzter hat dies registriert und zeigt seine Anerkennung für die verbesserte Arbeitssituation.

Im oben genannten Beispiel wird eine klassische Konditionierung deutlich. Herr Große hat gelernt, dass er schneller einschlafen kann, wenn er dafür eine Tablette schluckt. Der Ersatz der Tablette durch eine in Größe, Form, Geschmack und Farbe identischen Tablette, die jedoch ohne Wirkung ist, zeigt keinerlei negativen Einfluss auf Herr Große. Er hat also gelernt, dass, wenn er eine weiße kleine Tablette schluckt, diese sich auf sein Einschlafen auswirkt.

Die Vergabe der Tabletten durch einen Arzt unterstützt den Placebo-Effekt zudem, da Herr Große gelernt hat, dass der „weiße Kittel" eine baldige Besserung bedeutet.

Tabletten bestehen zudem immer aus chemischen Substanzen, die unangenehme Nebenwirkungen hervorrufen können. Durch das Austauschen der chemischen Substanzen in biologische Produkte schont Herr Große seinen Körper und umgeht damit mögliche Nebenwirkungen.

Tabletten sind auch immer eine Kostenfrage. Da die neuen Tabletten nicht aufwändig im Labor zusammengestellt werden müssen, sinkt auch der Kaufpreis und Herr Große kann Kosten einsparen.

Literatur-/ Quellenverzeichnis

Arenberg, P. (2015). *Einführung in die theoretischen Ansätze der Psychologie* (Auflage 3 Ausg.). Riedlingen: Studienbrief der SRH Fernhochschule.

Arenberg, P. (2015). *Einführung in die theoretischen Ansätze der Psychologie* (Auflage 3 Ausg.). Riedlingen: Studienbrief der SRH Fernhochschule.

Asendorpf, J., & Neyer, F. (2012). *Psychologie der Persönlichkeit* (5. Auflage Ausg.). Berlin: Springer.

Breidert, M., & Hofbauer, K. (2009). Placebo: Missverständnisse und Vorurteile. *Deutsches Ärzteblatt*(Heft 46), S. 751.

Brücke, H. (2013). *Auswirkungen der Einwanderung auf Arbeitsmarkt und Sozialstaat.* Bamberg: Bertelsmann Stiftung.

Büchel, C., Jütte, R., Kiefaber, U., Michaelis, J., Remschmidt, H., Schneider, R., & et. al. (2011). *Placebo in der Medizin.* Köln: Deutscher Ärzte-Verlag.

Bundesargentur für Arbeit . (2017). *Berichte: Arbeitsmarkt kompakt - Auswirkungen der Migration auf den deutschen Arbeitsmarkt.* Nürnberg.

Hornung, J. (1994). *Was ist ein Olacebo? Die Bedeutung einer korrekten Definition für die klinische Forschung.* Berlin: Universitätsklinikum Steglitz.

Hradil, S. (2010). Soziale Ungleichheit, soziale Schichtung und Mobilität. In H. Korte, & B. Schäffers (Hrsg.), *Einführung in die Hauptbegriffe der Soziologie* (Bd. 1, S. 211-234). Wiesbaden: Verlag für Sozialwissenschaften.

Hradil, S. (2012). *Deutsche Verhältnisse. Eine Sozialkunde.* Abgerufen am 01. 05 2017 von Bundeszentrale für politische Bildung: https://www.bpb.de/politik/grundfragen/deutsche-verhaeltnisse-eine-sozialkunde/138438/historische-entwicklung

Leubecher, M. (02. 07 2016). *So viele EU-Ausländer wie noch nie kommen nach Deutschland.* Abgerufen am 13. 06 2017 von Welt: https://www.welt.de/politik/deutschland/article156736049/So-viele-EU-Auslaender-wie-noch-nie-kommen-nach-Deutschland.html

Mietzels, G. (2008). *Methoden wissenschaftlichen Arbeitens.* Abgerufen am 28. 04 2017 von Die Wege: http://www.die-wege.de/mod/book/view.php?id=248&chapterid=387

Qualitaitve Sozialforschung, B. I. (2017). Abgerufen am 28. 04 2017 von Institut für Medien und Bildungstechnologie: http://qsf.e-learning.imb-uni-augsburg.de/node/507

Schreier, M. (2002/2003). *Einführung in die psychologische Methodenlehre* . Abgerufen am 28. 04 2017 von Uni Köln: https://www.google.de/url?sa=t&rct=j&q=&esrc=s&source=web&cd=1&ve d=0ahUKEwjd3afNgcfTAhWF0RQKHXP4DqAQFggnMAA&url=http%3A %2F%2Fwww.uni-koeln.de%2Fphil-fak%2Fpsych%2Fallgemeine%2Fdownloads%2Feinfmethoden%2Fmeth odenlehreskriptws0203.doc&usg=AFQjCNG9n5hjCH9erK

Seifert, W. (2012). *Deutsche Verhältnisse. Eine Sozialkunde.* Abgerufen am 01. 05 2017 von Bundeszentrale für politische Bildung: http://www.bpb.de/politik/grundfragen/deutsche-verhaeltnisse-eine-sozialkunde/138012/geschichte-der-zuwanderung-nach-deutschland-nach-1950